Puentes hechos de pasto

Ben Nussbaum

✳ Smithsonian

Autora contribuyente

Allison Duarte, M.A.

Asesores

Tamieka Grizzle, Ed.D.
Instructora de laboratorio de CTIM de K–5
Escuela primaria Harmony Leland

Ramiro Matos
Curador
Smithsonian

Créditos de publicación

Rachelle Cracchiolo, M.S.Ed., *Editora comercial*
Conni Medina, M.A.Ed., *Redactora jefa*
Diana Kenney, M.A.Ed., NBCT, *Directora de contenido*
Véronique Bos, *Directora creativa*
Robin Erickson, *Directora de arte*
Seth Rogers, *Editor*
Caroline Gasca, M.S.Ed., *Editora superior*
Mindy Duits, *Diseñadora gráfica superior*
Walter Mladina, *Investigador de fotografía*
Smithsonian Science Education Center

Créditos de imágenes: portada, pág.8, pág.10, pág.11 (todas), pág.12 (todas), págs.14–15, pág.18, pág.27 (inferior), pág.32 © Smithsonian; pág.5 (superior) Glowimages/Getty Images; págs.6–7 (todas) dominio público; pág.13 Media Drum World/Alamy; pág.16 imageBROKER/Alamy; pág.17 (superior) Prisma por Dukas Presseagentur GmbH/Alamy; pág.19 Yendor Oz/Flickr; pág.20 (izquierda) Tom Salyer/Alamy Stock Photo; pág.21 Xinhua/Alamy; pág.22 (recuadro) cortesía de Golden Gate Bridge, Highway and Transportation District; pág.23 (recuadro) turtix/Shutterstock; pág.26 Rob Crandall/Shutterstock; págs.26–27 Richard Gunion/Dreamstime; todas las demás imágenes cortesía de iStock y/o Shutterstock.

Library of Congress Cataloging-in-Publication Data

Names: Nussbaum, Ben, 1975- author. | Smithsonian Institution, sponsoring body.
Title: Puentes hechos de pasto / Ben Nussbaum, Smithsonian Institution.
Other titles: From grass to bridge. Spanish
Description: Huntington Beach, CA : Teacher Created Materials, Inc., [2020] | Includes index. | Audience: Grades 2-3
Identifiers: LCCN 2019035365 (print) | LCCN 2019035366 (ebook) | ISBN 9780743926980 (paperback) | ISBN 9780743927130 (ebook)
Subjects: LCSH: Inca architecture--Juvenile literature. | Indian architecture--Peru--Juvenile literature. | Plant fibers as building materials--Peru--Juvenile literature. | Q'eswachaka Bridge (Peru)--Juvenile literature. | CYAC: Inca architecture. | Indian architecture--Peru. | Plant fibers as building materials--Peru. | Qeswachaka Bridge (Peru) | LCGFT: Instructional and educational works.
Classification: LCC F3429.3.A65 N8718 2020 (print) | LCC F3429.3.A65 (ebook) | DDC 985/.019--dc23
LC record available at https://lccn.loc.gov/2019035365
LC ebook record available at https://lccn.loc.gov/2019035366

Smithsonian

Teacher Created Materials

5301 Oceanus Drive
Huntington Beach, CA 92649-1030
www.tcmpub.com

ISBN 978-0-7439-2698-0
© 2020 Teacher Created Materials, Inc.
Printed in Malaysia
Thumbprints.25941

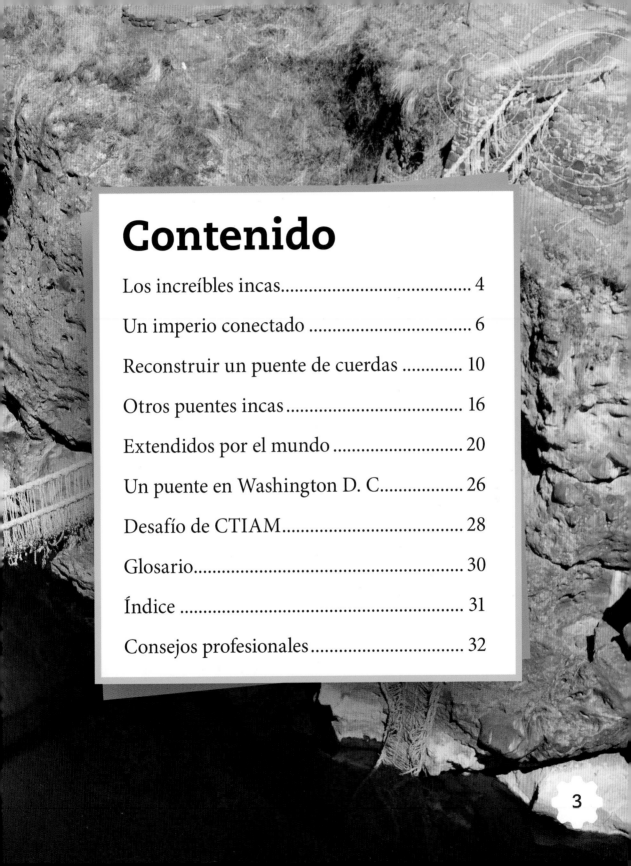

Contenido

Los increíbles incas

Hace cientos de años, el Imperio inca era el más grande de la Tierra. Se extendía más de 3,200 kilómetros (2,000 millas) por el oeste de América del Sur.

Los incas eran grandes constructores. No tenían hierro ni acero. Hacían palacios de piedra y oro. Construían ciudades en las laderas de las montañas. Todavía quedan restos de sus muros en algunos lugares que fueron parte del imperio.

Los incas también usaron sus destrezas de construcción para hacer caminos. Sus caminos subían por las montañas de los Andes y bajaban hasta los valles. Cruzaban ríos de corrientes fuertes. Permitían que los soldados fueran rápidamente de un lugar a otro. Las noticias se podían enviar más rápido. Los granjeros podían llevar sus alimentos a las grandes ciudades. Los caminos incas ayudaban a que el imperio funcionara mejor. Las partes más impresionantes de los caminos incas eran los puentes. Increíblemente, algunos estaban construidos con un recurso sencillo. Estaban hechos de pasto.

Algunas estructuras incas aún existen.

Este puente conecta
dos montañas en Perú.

Un imperio conectado

La ciudad de Cuzco se encuentra en Perú. Hace mucho tiempo, Cuzco era el hogar de los incas. Al principio, era el único lugar que controlaban. Cuzco era una ciudad-Estado. Había muchas otras ciudades-Estado. Cada una era como un país pequeño. Y cada una tenía su propio gobernante.

Alrededor del año 1400, los incas quisieron tener más tierras. A veces hacían la guerra para expandirse. Otras veces, algunos grupos se unían a los incas sin necesidad de entrar en guerra. Pronto el imperio ocupó un territorio inmenso.

Los incas construyeron un vasto sistema de caminos. Juntos, cubrían 40,234 km (25,000 mi). Eso es suficiente para ir de la ciudad de Nueva York a San Diego nueve veces.

El Imperio inca se extendía entre la costa oeste de América del Sur y la cordillera de los Andes. Era largo y angosto. Había dos caminos principales que lo recorrían de norte a sur. Uno estaba cerca de la costa. El otro estaba en las montañas.

dibujo de Cuzco, Perú, de 1556

Cuzco aún es una de las ciudades más grandes de Perú.

Los incas no usaban dinero. El gobierno daba comida y ropa a las personas a cambio de bienes y servicios.

Unos caminos más pequeños conectaban los dos caminos principales. Esos caminos también se dividían y llevaban a muchos otros lugares. Algunos estaban construidos sobre senderos anteriores a los incas. Los incas construyeron otros caminos donde no había senderos. Los caminos estaban diseñados de acuerdo al terreno por el que pasaban.

En el desierto, los caminos eran sencillos. Los incas marcaban senderos y a veces construían muros bajos. No tenían que hacer nada más.

En las montañas, los incas empedraban los caminos. La nieve y el frío intenso habrían destruido los caminos sencillos. En las zonas con muchos desniveles, construían caminos rectos y llanos. Esto llevaba mucho trabajo, pero hacía que caminar fuera más fácil.

En muchas zonas, los incas construían muros a cada lado del camino para que se mantuviera ancho y llano. Muchos de esos muros todavía existen.

Los incas también construían puentes. Alrededor de 200 puentes permitían que los caminos cruzaran cañones que eran demasiado empinados para descender y volver a subir.

Aún existen tramos del Camino del Inca.

Los incas usaban **llamas** para llevar cargas pesadas. Como las llamas tienen patas suaves, los caminos no se desgastaban ni se rompían demasiado.

Reconstruir un puente de cuerdas

Cada mes de junio, se reúnen los pobladores a cada lado del río Apurímac, en Perú. Esto ocurre cerca de un puente colgante hecho con cuerdas. Es el puente Q'eswachaka. Durante los días siguientes, los pobladores reconstruyen el puente de la misma manera en que lo hacían los incas hace cientos de años. Las mujeres hacen una parte del trabajo, mientras que los hombres hacen la otra parte.

El puente es historia viva. Ha estado en el mismo lugar durante al menos 500 años. Había mucho tránsito por el puente. Era también muy largo: 29 metros (95 pies). Era uno de los puentes incas más largos.

Para hacer un puente nuevo se necesita muchísimo pasto. Las familias trabajan juntas para recoger tallos largos de un tipo de pasto llamado *ichu*. Secan el pasto al sol.

Luego, las mujeres machacan el pasto con piedras para suavizarlo. Entrelazan los tallos para formar cuerdas. Son cuerdas muy delgadas y débiles. Este es el material básico que se usa para construir el puente.

Los tallos de pasto se preparan para hacer las cuerdas.

Una mujer prepara los tallos de pasto para hacer una cuerda.

Hay un puente moderno junto al puente de cuerdas. Los pobladores no necesitan reconstruir el puente de cuerdas, pero lo hacen porque están orgullosos de su antiguo puente inca.

puente Q'eswachaka

Los hombres entrelazan y trenzan las cuerdas unas con otras para formar una soga fuerte. Se usan 30 cuerdas para formar una sola soga del puente Q'eswachaka. Estas sogas tienen un grosor similar a un puño.

Luego, los hombres trenzan tres sogas para formar un cable grueso. El cable es muy resistente. Es casi tan grueso como una pelota de fútbol. Se usan muchos cables para hacer el piso del puente. Las barandillas de ambos lados del puente se hacen entrelazando dos sogas.

Después de entrelazar y trenzar una enorme cantidad de tallos de pasto y formar las sogas y los cables, comienza el trabajo peligroso. El maestro tejedor dirige el grupo. Ha ayudado a reconstruir el puente durante años. Es el **arquitecto** del puente.

Usando el puente viejo, se colocan partes del puente nuevo sobre el cañón. Luego, se corta el puente viejo. El puente cae al río y es arrastrado por el agua. Como está hecho de pasto, no contamina el río.

Una mujer entrelaza los tallos de pasto para formar una cuerda.

Un hombre carga una barandilla.

Cables firmes

Cada uno de los cables del puente Q'eswachaka debe poder soportar unos 454 kilogramos (1,000 libras). De no ser así, el puente se romperá cuando las personas lo usen. Los cables han sido puestos a prueba, y cada uno puede soportar unos 1,814 kg (4,000 lb). Eso significa que el puente es muy estable.

Se necesitan muchas personas para cargar los cables hasta el lugar.

Los constructores enganchan los cables gruesos a los contrafuertes y los atan. Los contrafuertes son piedras gigantes y resistentes en las que se han perforado agujeros a mano para poder pasar los cables a través de ellas. Los contrafuertes sujetan todo el puente. A cada lado del puente hay unas torres de piedra pequeñas. Las barandillas y los cables del piso se atan a estas torres.

El maestro tejedor se sube a los cables gruesos y se sienta. Sus pies cuelgan a cada lado. Los ayudantes se paran en el puente detrás de él. Él ata los cables del piso entre sí. También ata las sogas que van de la barandilla al piso del puente. Así se forma una pared que evita que las personas se caigan del puente. Atar las barandillas al piso también hace que el puente sea más estable.

Mientras el maestro tejedor trabaja en un lado, otro equipo trabaja del otro lado. Ambos se encuentran en la mitad. Finalmente, se añade un piso de varas o esterillas para asegurarse de que nadie caiga por entre los cables gruesos.

Este equipo empieza a trabajar de su lado del puente.

14

Conocimientos básicos sobre los puentes

La **tensión** es una fuerza que tira de algo. La **compresión** es lo contrario. Es una fuerza de empuje. Imagina un resorte. Cuando jalas el resorte para estirarlo, creas tensión. Cuando lo empujas, lo comprimes. Ambas fuerzas necesitan estar equilibradas para crear un puente estable. Un puente se comprime cuando las personas caminan sobre él. Los cables que lo sostienen crean tensión para equilibrar la compresión.

TENSIÓN

COMPRESIÓN

Los dos equipos se encuentran en la mitad del puente.

Otros puentes incas

Los españoles que invadieron el Imperio inca estaban acostumbrados a los puentes cortos hechos de piedra. Se sentían aterrados por el **bamboleo** de los puentes incas. Algunos de ellos los cruzaban gateando. Los españoles trataron de reemplazar los puentes incas. Construyeron puentes de piedra enormes. Algunos de esos puentes se derrumbaron. Los profundos y empinados cañones de los Andes eran muy difíciles de cruzar.

Algunos puentes incas han durado cientos de años. Los pobladores vecinos siguieron reconstruyéndolos. Cobran un **peaje** para cruzar. De a poco, los puentes incas se actualizaron. Se reemplazaron las cuerdas por cadenas de hierro. Así los puentes son más resistentes. Las torres de piedra que sostenían las barandillas se volvieron a hacer, esta vez con **mortero**. Esto las hizo más estables.

Los puentes incas son más fáciles de cruzar por la mañana. Las tardes son más ventosas, ¡así que los puentes se bambolean más!

Este puente tiene contrafuertes de hierro.

Los incas reemplazaban la mayoría de los puentes cada dos o tres años. El puente Q'eswachaka no podía esperar tanto. Se reemplazaba cada año. El puente era largo y lo usaban muchas personas. Tenía que ser muy resistente. Trabajaban unas 250 personas durante aproximadamente dos semanas para reemplazar cada puente. Un testigo escribió que los cables del puente eran "tan gruesos como el cuerpo de un hombre".

También son muy conocidos dos puentes que cruzan el río Pampas. En 1554, un escritor los describió. Dijo que por uno de ellos podían cruzar caballos a galope. El otro puente era más frágil. El escritor dijo que había que llevar las mulas de a una para cruzarlo. Ese puente es muy probable que estuviera hecho de fibras delgadas con forma de cuerdas llamadas fique. El fique proviene de una planta que crece en la región. Se necesitaba realizar un gran trabajo de entrelazado, tejido y trenzado para convertir las fibras en una soga gruesa y resistente.

Las personas levantan los cables para llevarlos hasta el lugar del puente.

Lo largo de un puente corto

Un grupo de estudiantes del Instituto de Tecnología de Massachusetts (MIT, por sus siglas en inglés) construyó un puente de cuerdas como proyecto para la clase. Compraron bramante, un tipo de cuerda delgada y poco resistente. Hicieron una soga fuerte con el bramante. Los estudiantes construyeron un puente de 18 m (60 ft) de largo. Usaron 80 km (50 mi) de bramante para hacer el puente.

Extendidos por el mundo

Hace cientos de años, las personas construían diferentes tipos de puentes. Hacían los puentes con lo que tenían a mano. Inventaron maneras inteligentes de construir puentes.

En una parte de India, los puentes se hacían con raíces. Los árboles de caucho tienen raíces que crecen por encima del suelo. Las personas guiaban las raíces usando tubos huecos. Guiaban las raíces para que cruzaran los ríos. Luego, dejaban que las raíces se afirmaran en el suelo del otro lado del río. Las raíces se convertían en puentes fuertes y resistentes. Algunos de esos puentes todavía se usan.

Los puentes de cuerdas de los incas son un tipo de puente colgante. Esto significa que cuelgan en el aire. Los puentes colgantes se usaban en muchos lugares. Se construían con plantas de la zona. En Japón, algunos puentes colgantes se construían con enredaderas gruesas. Algunos de estos puentes son muy populares entre los **turistas**.

En China, se construían puentes colgantes con cadenas de hierro. Esto permitía que fueran muy resistentes.

puente colgante de hierro

puente de raíces

Hoy algunos puentes se construyen con piso de vidrio. ¡Caminar sobre ellos es casi como flotar en el aire!

Los puentes colgantes todavía se usan, aunque es posible que sean muy diferentes a los puentes incas. El puente Golden Gate es un famoso ejemplo de puente colgante. Está en California. Sus gruesos cables cuelgan de torres gigantescas. Los cables descienden entre una torre y otra. Son gruesos como los cables que usaban los incas. A diferencia de los cables incas, estos están compuestos por muchas cuerdas delgadas de acero. Unos cables más pequeños cuelgan de dos cables principales. La calzada por la que circulan los carros está conectada a esos cables pequeños.

La trayectoria de carga del puente Golden Gate empieza en la calzada. La *trayectoria de carga* es un término de ingeniería. Describe cómo se distribuye el peso. La calzada está sostenida por unos cables pequeños. Los cables principales sostienen a los cables pequeños. Las torres sostienen a los cables principales. Las torres están asentadas a una gran profundidad en el suelo. Transfieren todo el peso a la tierra. Unos **cimientos** enormes ubicados en ambos extremos sostienen firmemente los cables.

el puente Golden Gate durante su construcción

puente Golden Gate

¿Por qué anaranjado?

Cuando se construyó el puente Golden Gate en San Francisco, la mayoría de los puentes eran negros o grises. El diseñador del puente quería un color que resaltara los detalles y el tamaño del puente. La pintura negra haría difícil ver esos detalles. Quería un color que luciera bien tanto con niebla como con sol. Quería que los barcos y los aviones lo pudieran ver fácilmente. Hoy, su color anaranjado es **emblemático**.

Los puentes de los incas están hechos con materiales naturales. Cuando se corta el pasto, vuelve a crecer. El pasto no contamina. No es dañino.

Los constructores de puentes de la actualidad también tratan de cuidar más el medioambiente. Una manera de lograrlo es añadiendo **paneles solares**. El puente Blackfriars de Londres está cubierto con estos paneles. El puente forma parte de una estación de trenes muy concurrida. En un día soleado, el puente suministra la mitad de la energía que usa la estación.

En España, el puente Sarajevo ayuda a la naturaleza. Está cubierto con un tipo especial de hormigón. Este hormigón descompone la contaminación. Hace que el aire alrededor del puente sea más limpio. El puente Sarajevo también tiene paredes especiales en las que pueden crecer plantas.

En Montana, Estados Unidos, hay un puente construido especialmente para los animales. El cruce es un lugar por donde pasan animales. Este puente pasa sobre una carretera muy transitada. Está cubierto con tierra y plantas. Los animales lo atraviesan sin correr el riesgo de ser atropellados.

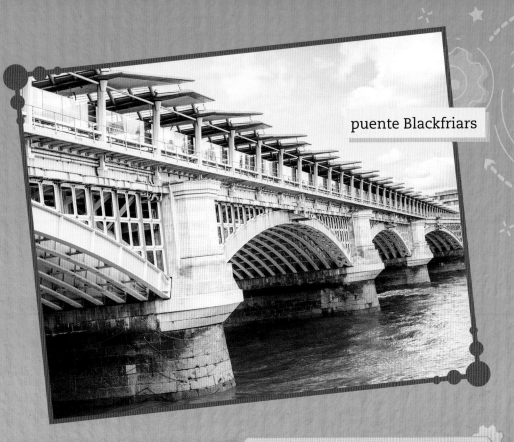

puente Blackfriars

Conectar la naturaleza

Los puentes para animales pueden parecer extraños a primera vista. ¿Por qué un ciervo necesitaría un puente? Lo cierto es que los cruces pueden ser muy importantes para los animales. Muchas veces, las carreteras pasan por el medio de hábitats de animales. Sus hogares pueden estar de un lado de la carretera, pero su alimento y los recursos de agua pueden estar del otro lado. De no contar con un puente, los animales se ven obligados a cruzar por el medio del tránsito de la carretera. Esto puede causar accidentes, y personas o animales pueden salir heridos.

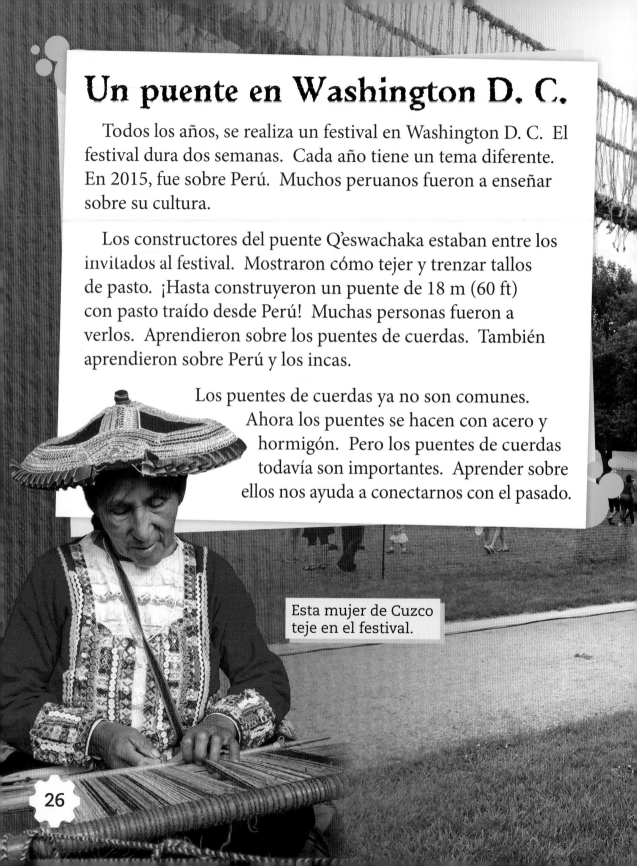

Un puente en Washington D. C.

Todos los años, se realiza un festival en Washington D. C. El festival dura dos semanas. Cada año tiene un tema diferente. En 2015, fue sobre Perú. Muchos peruanos fueron a enseñar sobre su cultura.

Los constructores del puente Q'eswachaka estaban entre los invitados al festival. Mostraron cómo tejer y trenzar tallos de pasto. ¡Hasta construyeron un puente de 18 m (60 ft) con pasto traído desde Perú! Muchas personas fueron a verlos. Aprendieron sobre los puentes de cuerdas. También aprendieron sobre Perú y los incas.

Los puentes de cuerdas ya no son comunes. Ahora los puentes se hacen con acero y hormigón. Pero los puentes de cuerdas todavía son importantes. Aprender sobre ellos nos ayuda a conectarnos con el pasado.

Esta mujer de Cuzco teje en el festival.

Este puente de cuerdas se construyó en 2015 durante un festival en Washington D. C.

Unas personas extienden las cuerdas para luego trenzarlas y hacer cables.

DESAFÍO DE CTIAM

Define el problema

Eres un ingeniero civil. La encargada de planificación de la ciudad te pide consejo para un puente nuevo. Te pide que diseñes un modelo de un puente por el que pasarán carros, bicicletas y personas a pie. ¡Usa lo que aprendiste sobre puentes antiguos y modernos para completar esta tarea!

 Limitaciones: El puente debe tener 7 pulgadas de largo. Puedes usar 200 palillos de manualidades y un rollo de cinta adhesiva para construir el puente.

 Criterios: Tu puente tiene que poder sostener un libro de texto durante 30 segundos.

Investiga y piensa ideas

¿Qué tipo de puente construirás? ¿Qué parte del puente debe soportar más fuerza? ¿Usarás todos los materiales que tienes?

Diseña y construye

Bosqueja el diseño de tu puente. Incluye cuántos palillos usarás para construir cada parte del puente. ¿Dónde usarás la cinta adhesiva? Construye el modelo. Anota cualquier cambio que hagas en el plan.

Prueba y mejora

Para ponerlo a prueba, coloca un libro de texto sobre tu puente. ¿El modelo funcionó? ¿Alguna parte del puente se cayó durante la prueba? ¿Cómo puedes mejorarlo? Modifica tu diseño y vuelve a intentarlo.

Reflexiona y comparte

¿El puente sería más resistente o más estable si pudieras usar más cantidad de alguno de los materiales? ¿Podrías construir un puente que pase la prueba usando menos materiales? ¿Qué otras fuerzas crees que tienen en cuenta los ingenieros cuando diseñan puentes?

Glosario

arquitecto: una persona que está a cargo de planificar una estructura

bamboleo: un movimiento suave de vaivén

cimientos: la base de una estructura

compresión: una fuerza de empuje

contrafuertes: estructuras construidas para sostener los extremos de un puente

emblemático: famoso, legendario

empedraban: cubrían con piedras

fique: una fibra natural y resistente que se obtiene de una planta de Perú y sus alrededores

llamas: animales de cuatro patas, como los caballos o los camellos, pero más pequeños

mortero: una sustancia que se usa para unir piedras o ladrillos

paneles solares: baterías que convierten la luz solar en electricidad

peaje: un pago que se realiza para usar un camino o cruzar un puente

tensión: una fuerza que tira de algo

turistas: personas que van de vacaciones a un lugar

Índice

¿Quieres ayudar a preservar el pasado?
Estos son algunos consejos para empezar.

"Soy quechua. Somos descendientes de los incas. Me siento orgulloso del legado que dejaron los incas. Estudié arqueología porque me fascina aprender sobre el pasado. Si tú también sientes una curiosidad natural por la historia y por todos los pueblos que vivieron antes que nosotros, la arqueología es la profesión para ti".
—Dr. Ramiro Matos, curador, Museo Nacional del Indígena Americano

"Muchas personas consideran que los rascacielos modernos y los grandes estadios son maravillas de la ingeniería. Sin embargo, los arquitectos a menudo toman ideas del pasado. Los incas eran maestros de la ingeniería. Para aprender sobre pueblos antiguos como los incas, estudia historia, geografía o antropología. Hay muchas cosas que podemos aprender de los incas y de otras culturas antiguas".
—Amy Van Allen, gerente de proyectos, Museo Nacional del Indígena Americano